中华诵·经典素读教程系列

# 中华国学课本

ZHONGHUA GUOXUE KEBEN

## 第四册

张庆华 主编

二年级 ________ 班

姓名 ____________

中 华 书 局

**顾　问**

舒　悦　　梁结银

**主　编**

张庆华

**副主编**

李　纯　　张美如

**编　委**

张庆华　　李　纯　　张美如　　谭曦文

徐　宏　　廖洪毅　　付晶晶　　郑曼虹

**责任编辑**

祝安顺

**装帧设计**

刘　丽　　王喜华

# 目录

## 声　律

# 编者的话

教育部2012年发布的最新修订版《小学语文课程标准》前言写道："语文课程还应通过优秀文化的熏陶感染，提高学生的思想道德修养和审美情趣，使他们逐步形成良好的个性和健全的人格，促进德、智、体、美诸方面的和谐发展。"《标准》还要求小学生背诵160篇优秀诗文。《中华国学课本》的编写，就是希望通过将丰富精深的传统文化内容课时化、情趣化、游戏化，让小学生寓学于玩，从而广泛深入地实践新语文课程标准。编写《中华国学课本》的目标，在于让孩子从道德评价、风俗习惯、交往礼仪、生活常识等方面去感受中华传统文化的独特魅力，使当代小学生能在学习过程中，正视祖国优秀的传统文化，吸取其精华，陶冶完美人格，开发自身的主体智慧，使识字、阅读、记忆、观察、思维、判断、想象、体能、灵感等方面的潜能得到更为科学、更为高效的开发和培养。

## 一、教材编写

### （一）科学借鉴，精选适度

我们在编写教材时，尽可能实现如下目标：内容可读性强、编排线索简明、序列清晰、便于学生诵读和学习。通过对教材教法的研究，我们在"度、量、正、懂"四字上进行了反复斟酌。

**1.度：**要讲求分寸的把握。少儿传统文化学习要做到适当、适度、适宜、适合。课本所编选的诗歌、古文、韵文等，内容贴近儿童的生活，朗朗上口，便于记诵。

**2. 量**：《中华国学课本》编选内容量的确定是以不增加学生学习负担为前提的。教材每册定位 20 课时，课文 20 篇，其中古诗 6 首，古文 10 篇，韵文 4 篇。一首诗一般最多 56 字，一段短文 50 字左右，韵文如《声律启蒙》节选 80 多字，都在课堂中完成学习，当堂读、背、画完成后，不再布置其他作业。

**3. 正**：《中华国学课本》课程的教学目标是对少年儿童进行德育与智育，尤其是情感的培养和陶冶，把真善美的东西教给孩子们。

**4. 懂**：我们是在引导学生初知或粗知的基础上来安排学习、诵读的。具体做法是，让学生初知一点，不深究。在学习过程中，凡是能够让学生开心地学、爽朗地读、创造性地嬉戏的形式，都是可以尝试的。

**（二）内容丰富，设计创新**

在编写时，我们也注意到了课堂教学的规范性和开放教学的灵活性：低年段内容的选编，多以表现儿童生活内容的篇章为主；中高年段则根据学生的认知能力和接受程度，编选优秀传统文化中有关为人处世、修身养性的篇目。编选时，尽量做到不与其他教科书内容重复。版块设置介绍如下：

**1. 诵读**：诵读的方式可以是开放的，多种多样的，节奏读、韵律读、音乐读、相声版、京戏版、夫子版等都可以采用。

**2. 注释**：设置注释的目的是帮助学生理解，因此对妨碍理解的字、词进行简洁的注释。

**3. 诗意体悟**：本着浅显易懂、浅入浅出的原则，讲解诗文的内容和特色，让学生能基本了解即可，教学时也只是点到为止。

**4. 阅读提示**：针对所选课文的内容和特点，进行具体的阅读指导。

**5. 创意空间**：本版块的设置体现了体验化教学设计，课堂上师生一起以读、聊、诵、吟、画、玩的形式来进行学习。比如低年段的“我会这样涂涂画画”、中高年段的“诗情画意显身手”（我可以涂画、作诗、写对联）等，就是用读来完成学、用玩来理解意、用涂鸦等独特的创造和嬉戏，来表达和体现各自的情等，真正做到让学生体悟在诗意里，成长在无限的创造活动情趣中，既开发语言功能，又激发想象能力。

6. **汉字寻根和书写练习**：设置本版块，是希望学生通过观察、了解、欣赏、书写汉字，培养其对祖国汉字文化的喜爱之情，通过寻字、赏字、评字、写字，让学生从小养成眼中观字、心中想字、脑中记字、手写好字的优良习惯。“汉字寻根”只在古文部分设置。

7. **国学常识**：国学常识是对课文内容的补充和拓展。每册设置3课，所选均为中国人应知应会的国学常识，提供给学生自学，教师不进行讲解。

## 二、教学方法，易于操作

通过对教材的编选和教学实践，逐渐形成了系统完整、便于操作的教学模式——五步教学法，具体做法是：

1. **课前游戏学**：依据儿童爱玩的天性，在课前利用1—3分钟，让小组长或学习委员领同学一起吟诵、读唱、编演游戏。

2. **课中趣味学**：一看注释读，二想故事或典故读，三看阅读提示读。一是不加不减字；二是读准字音有韵味。

3. **同学玩读学**：彰显儿童的玩耍嬉戏之趣，让学生用自己喜欢的方式诵读，如节奏明快朗诵版、稚趣横溢相声版、摇头晃脑夫子版、韵律和声吟诵版等。

4. **师生同聊学**：师生同聊的课堂，聊中品读聊出情、聊中戏玩聊出趣、聊中感悟聊出智，让师生在课堂中，都能以轻松自如的状态去表达，去传递，去交流，去碰撞。

5. **诗情画意学**：课本设置有“创意空间”版块，是为了让孩子们更好地进行体验性、参与性学习，让孩子们的想象力自由地驰骋。每上完一课，孩子们心中有情、脑中有画、手中有笔，可以立即把自己的理解和想法都表现出来。

## 三、目标明确，积少成多

关于《中华国学课本》的使用，我们有如下建议。

一、二年级：每周利用一节正式语文课，上《中华国学课本》一课。另外利用每天的晨读时间逐渐完成《三字经》、《弟子规》、《千字文》、《百家姓》的背诵。

三、四年级：每周用一节正式语文课，上《中华国学课本》一到两课。用每天的晨读时间完成《声律启蒙》、《笠翁对韵》以及《大学》、《论语》节选的背诵。

五、六年级：每周用一节正式语文课，上《中华国学课本》一到两课。用每天的晨读时间完成《中庸》、《诗经》、《论语》、《孝经》、唐诗、宋词的选背。

这样，学生从一年级起至六年级，六年间可积累诵读约 300 多首古诗文和部分整本的经典名著。相信这些优秀篇目的学习，必将提升孩子们儒雅淳静的气质，为孩子们以后的“薄发”奠定比较扎实的基础。

## 四、家校互动，有效评价

在课程学习中，引入评价环节，提倡师生同评、学生自评、同伴互评、亲子共评，设置针对学生学习、教师教学、班级整体情况的测评表。

一是设计了针对学生的《中华国学课本》学习情况测评表（见附表 1），评分标准采用百分制，具体要求包括：1. 集体诵读展示，所有同学参与；2. 诵读时字正腔圆，声情并茂；3. 诵读形式多样，趣味性强；4. 分组表演中，大方自信，各展所长；5. 对《中华国学课本》的熟悉程度；6. 能进行个性创作，书、画整洁漂亮。

二是设计了针对教师使用的《中华国学课本》教学情况明细表（见附表 2）。

三是设计了针对班级整体的《中华国学课本》班级情况测评表（见附表 3），评分采用“优、良、中”等级制，具体要求为：1. 优：95% 的同学能熟练背诵，节奏感强 ；2. 良：90% 的同学能通背，正确、通顺、流畅；3. 中：80% 的同学能通背，正确、通顺、流畅。

## 附表 1：

《中华国学课本》学习情况测评表

| 班 级 | 诵 读 | 表 演 | 创 作 | 综合得分 |
|---|---|---|---|---|
| | | | | |
| | | | | |
| | | | | |
| | | | | |
| | | | | |
| | | | | |

## 附表 2：

《中华国学课本》教学情况明细表

<table>
<tr><td>年级／班级</td><td></td><td>授课老师</td><td></td><td>学生人数</td><td></td></tr>
<tr><td>规定课时</td><td></td><td>已上课时</td><td></td><td>补上课时</td><td></td></tr>
<tr><td rowspan="3">教学完成情况</td><td>学一带一</td><td colspan="4"></td></tr>
<tr><td>涂鸦创作</td><td colspan="4"></td></tr>
<tr><td>师生评价</td><td colspan="4"></td></tr>
<tr><td rowspan="4">抽查效果</td><td>熟练通背人数</td><td colspan="4"></td></tr>
<tr><td>古诗背诵效果</td><td colspan="4"></td></tr>
<tr><td>古文背诵效果</td><td colspan="4"></td></tr>
<tr><td>韵文背诵效果</td><td colspan="4"></td></tr>
<tr><td>教师教学感悟、意见及建议</td><td colspan="5"></td></tr>
</table>

## 附表3：

《中华国学课本》班级情况测评表

| 班级人数情况 | | | 诵读效果 | | | 创作效果 | |
|---|---|---|---|---|---|---|---|
| 班级 | 应到人 | 实到人 | 古诗 | 古文 | 韵文 | 涂鸦 | 诗、文创作 |
| | | | | | | | |
| | | | | | | | |
| | | | | | | | |
| | | | | | | | |
| | | | | | | | |

张庆华

2013年3月

# 古诗

《蛩》勾勒的是一群天真无邪、调皮可爱的农家孩童，在大自然中倾听蟋蟀的美妙歌谣，享受与蟋蟀周旋嬉戏的无穷快乐。《牧童》、《采莲子》和《四时田园杂兴》既展现了农家小孩的勤劳，又流露出孩童们本真的贪玩与淘气：帮助父母做农活，闲暇之余采摘野果，捕捉野鸭，可谓其乐无穷！《塞上曲》一反前面的农家小孩形象，英勇而擅长骑马的羌族小孩远比农家小孩勇猛而有志向，让人惊叹羡慕之极。《春晚书山家屋壁》让我们一睹祥和恬淡的山家田园生活：庭院里米饭飘香，不时传来黄莺的歌唱，再夹杂孩儿稚趣的哭闹，奏起了一支支幸福的交响曲……

# 1 蛩 (qióng)

〔唐〕朱继芳

yī qióng hé jī jī
一蛩何唧唧，
yín rù ér tóng xīn
吟入儿童心。
zhǐ zài zhú lí wài
只在竹篱外，
gōu dēng wú chù xún
篝灯无处寻。

**注释**

① 蛩：蟋蟀。
② 唧唧：蟋蟀的叫声。

## 诗意体悟

一只蟋蟀在唧唧地叫着，叫声深深地打动了孩子的心。儿童擎着有挡风装置的灯火，在竹篱边到处寻找藏在土穴里的蟋蟀。但他只听到叫声，却始终看不见踪影，真着急呀！

这首诗生动地描写了农家孩子听到蟋蟀叫，擎灯找蟋蟀的情景，传神地刻画出了孩子的天真顽皮、活泼可爱！前两句的“唧唧”应读得有节奏感，后两句的“在竹篱外”却“无处寻”应读得轻而慢，以体现孩子的着急与无奈。

 1. 我会和小伙伴一起读、说、背、吟、唱、演。互相评一评。（涂红花朵表示）

同伴评一评：  很好  好  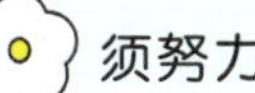 须努力

 2. 我会这样书写。

 一 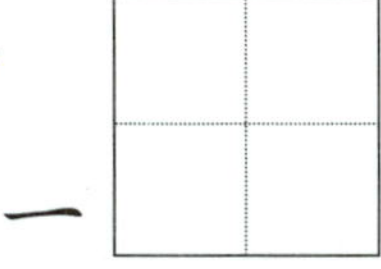 何唧唧， 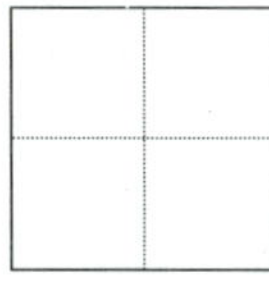 入儿童心。

 3. 我会这样涂涂画画。

# 2 牧童 (mù tóng)

〔唐〕刘　驾

mù tóng jiàn kè bài
牧童见客拜，

shān guǒ huái zhōng luò
山果怀中落。

zhòu rì qū niú guī
昼日驱牛归，

qián xī fēng yǔ è
前溪风雨恶。

**注释**

① 拜：作揖。
② 昼日：白天。
③ 恶：厉害。这里形容风雨很猛。

## 诗意体悟

牧童看见有人来了，连忙作揖打招呼，没想到野果从他的怀中滚落下来，真是滑稽可爱。他一天到晚都需要赶着牛羊到处跑，就算遇到狂风暴雨也不能停歇，真是辛苦呀！

这首诗写了牧童放牧过程中的乐与苦。在山中行走，他可以采到各种各样的野果。但是，一旦遇到狂风暴雨，他又无处躲藏。前两句要读得轻快响亮，后两句要有转折的语气，读得缓慢低沉，感悟牧童生活之艰辛以及对他的佩服之情。

 1. 我会和小伙伴一起读、说、背、吟、唱、演。互相评一评。（涂红花朵表示）

 同伴评一评：   

 2. 我会这样书写。

 牧童见客 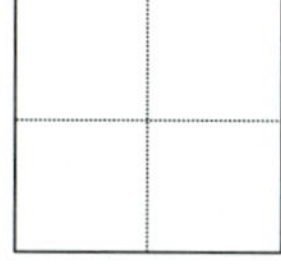，山果怀中 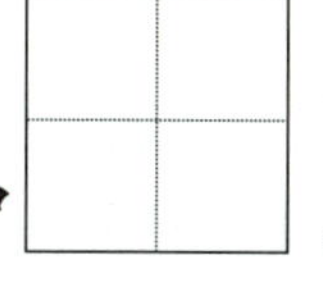。

 3. 我会这样涂涂画画。

# 3 塞上曲

sài shàng qǔ

〔清〕屈大均

qiāng ér shè niǎo shǔ
羌儿射鸟鼠，

xiǎo xiǎo jiǎo gōng zhāng
小小角弓张。

wèi néng qí zhuàng mǎ
未能骑壮马，

dàn kuà bái yuán yáng
但跨白羱羊！

**注释**

① 羌儿：羌族的孩子。
② 白羱羊：又称山北羊。形似家养山羊，但较高大。

羌族的孩子拉着小小的弓箭，在射杀飞鸟和老鼠。他年纪小还不能骑高大的战马，只能跨着白羱羊在草原上奔跑！

“羌儿”、“鸟鼠”、“小弓”、“羱羊”，好一幅草原少年英雄图。该诗充满童趣，却又含义深刻。“有志不在年高”，所以朗读时一定要铿锵有力，突出草原少年的英雄气概！

1. 我会和小伙伴一起读、说、背、吟、唱、演。互相评一评。（涂红花朵表示）

同伴评一评：很好 好 须努力

2. 我会这样书写。

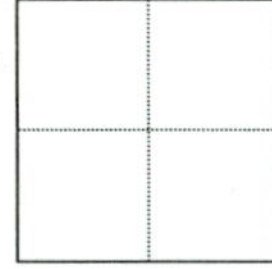儿射鸟鼠，小小角弓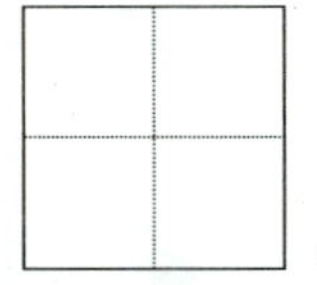。

3. 我会这样涂涂画画。

# 4 春晚书山家屋壁
chūn wǎn shū shān jiā wū bì

〔唐〕贯 休

chái mén jì jì shǔ fàn xīn
柴门寂寂黍饭馨，

shān jiā yān huǒ chūn yǔ qíng
山家烟火春雨晴。

tíng huā méng méng shuǐ líng líng
庭花蒙蒙水泠泠，

xiǎo ér tí suǒ shù shàng yīng
小儿啼索树上莺。

注 释

① 黍饭：黄米饭。

② 泠泠：流水声。

③ 索：要。

## 诗意体悟

一场春雨过后，农家柴门外静悄悄的，黄米饭的香味随风飘散，雨后的天空中炊烟缕缕，庭院中的花草上雾水蒙蒙。顽皮的小儿走出柴门，哭闹着要树上的小黄莺。

这是诗人在农村为客时的题壁之作。前两句写柴门内外静悄悄的，炊烟缕缕，饭香扑鼻；后两句写庭院内外，水气迷蒙，水滴清脆，鸟鸣儿啼，“动”中更显乡村的宁静。为何这般宁静？原来，春雨过后农民们都忙着去田间劳动了！朗读时前两句要舒缓，后两句逐显轻快，“静”中带喜。

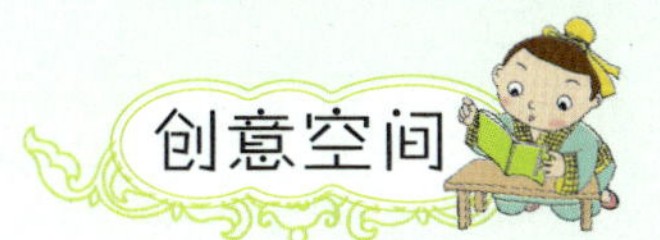

 1. 我会和小伙伴一起读、说、背、吟、唱、演。互相评一评。（涂红花朵表示）

 同伴评一评：   

 2. 我会这样书写。

 柴门寂寂黍饭 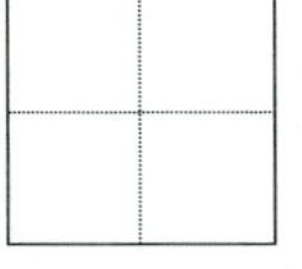 ，山家烟火春雨 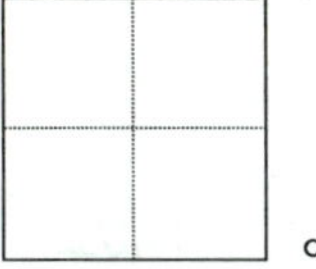 。

 3. 我会这样涂涂画画。

# 5 采莲子（cǎi lián zǐ）

〔唐〕皇甫松

hàn dàn xiāng lián shí qǐng bēi
菡萏香连十顷陂，

xiǎo gū tān xì cǎi lián chí
小姑贪戏采莲迟。

wǎn lái nòng shuǐ chuán tóu shī
晚来弄水船头湿，

gèng tuō hóng qún guǒ yā ér
更脱红裙裹鸭儿。

**注释**

① 菡萏：莲花的别称。

② 陂：这里指莲塘。

③ 晚来：天色晚了。

## 诗意体悟

一个小姑娘去广阔的莲塘里采莲子，由于她只顾着玩，到很晚时才记起要采莲。傍晚，又因玩水弄得船头湿漉漉的。因无笼子可装抓到的野鸭，她便将自己穿的红裙脱了下来，将野鸭包住。

本诗将一个贪玩而天真活泼的小姑娘形象展现在读者的面前。因玩而“迟”，因玩而“湿”，“裹鸭”仍是在玩！写得俏皮风趣、活灵活现。朗读时要轻快活泼，一气呵成，在玩中读出灵动来。

 1. 我会和小伙伴一起读、说、背、吟、唱、演。互相评一评。（涂红花朵表示）

 同伴评一评：  很好  好  须努力

 2. 我会这样书写。

 晚来 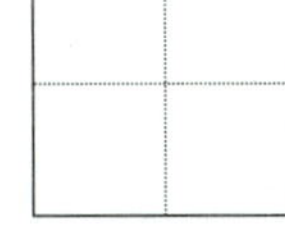 水船头湿，更脱红裙 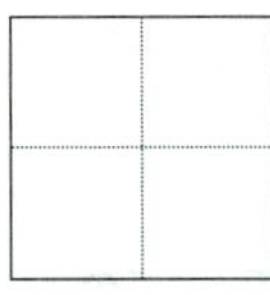 鸭儿。

 3. 我会这样涂涂画画。

# 6 四时田园杂兴

sì shí tián yuán zá xìng

〔宋〕范成大

wū niǎo tóu lín guò kè xī
乌鸟投林过客稀，

qián shān yān míng dào chái fēi
前山烟暝到柴扉。

xiǎo tóng yī zhào zhōu rú yè
小童一棹舟如叶，

dú zì biān lán yā zhèn guī
独自编阑鸭阵归。

**注释**

① 烟暝：傍晚的云气。
② 柴扉：用树枝芦柴做的门。
③ 棹：船桨。
④ 编阑：也作“约阑”，挡拦、赶拦的意思。

## 诗意体悟

乌鸦和小鸟飞回林中的窝，路上静悄悄的一个人也没有，轻烟淡霭从山前渐渐飘起，暮色越来越浓了。放鸭的小孩子驾着一只小船，独自把鸭群赶回家来！

## 阅读提示

这首诗描写傍晚时分，小孩独自一人驾船赶鸭回家的情景。前两句写出了乡村的宁静，要读得舒缓；后两句稍快激昂，仿佛那个“鸭司令”就在眼前的湖面上，鸭群庞大，鸭声嘎嘎，小童时而划桨，时而拦鸭，多么勤劳能干！

1. 我会和小伙伴一起读、说、背、吟、唱、演。互相评一评。（涂红花朵表示）

同伴评一评： 很好　好　 须努力

2. 我会这样书写。

小童一□舟如叶，独自编□鸭阵归。

3. 我会这样涂涂画画。

# 中华围棋文化

中国文人历来重视琴、棋、书、画四门艺术，其中的棋指的就是围棋。小小的一盘围棋，却浓缩了很多中华传统文化的精髓。

围棋的棋子是圆形的，棋盘却是方的，含有“天圆地方”的思想。圆圆的旗子是“天圆而动”，方方的棋盘是“地方而静”。棋盘上纵横交错的直线形成了361个交叉点，而农历的一年也正好是361天。棋盘分为4部分，这就是我们熟知的“春夏秋冬”四季。棋盘的中央有太极的图案，而且棋子的颜色也正好是一黑一白，这对应了阴阳平衡之说。如此种种可见围棋所包含的文化内涵是极其丰富的。

## 围棋的传说

在大约五千年前的尧帝时期，尧有个儿子叫丹朱，且自小性情乖戾，贪图玩乐，不务正业。

尧帝为丹朱的顽劣头疼不已，只得不远千里去向仙人蒲伊请教。当尧帝来到汾水边时，看见一棵苍松之下，有两人相对而坐，在沙地

围棋棋盘与棋子

丹朱像

上画着纵横交错的线条，并用黑白的小石子在线条上来回走动。这其中一人就是是蒲伊。

蒲伊教给了尧帝走棋的游戏，在他的启发之下，尧帝和族人用桑树劈成一个方正的盘子，上面画成纵横交错的线条，然后用犀牛角和象牙做成棋子，轮流在棋盘走动，似乎是在模拟狩猎过程中人与兽的较量。这就是最早出现的围棋雏形。尧帝把此棋教给丹朱，他果然十分喜爱，沉迷于棋中的他从此不再到处游玩惹祸，性情也改变了许多。

## 围棋的别名

由于对围棋文化的热爱，文人们给围棋取了许许多多的别名，而这些别名也透露出中国文人特有的智慧。古代称围棋为“弈”，因此到了现在，两个人下棋我们还称之为“对弈”。根据围棋棋子圆而棋盘方的特点，人们又称他们为“方圆”。两个人下棋的时候，通常是不用语言来交流的，所有的默契与对话都在落子的那只手上，所以人们也形象地将下棋称为“手谈”。

关于围棋的别名，还有一个更奇妙的传说哦！传说在东晋时期，有个樵夫在砍柴归来的路上，看见两个小童在路边下围棋，便饶有

弈棋仕女图

兴趣地站在旁边观看，也不知道看了多久，当樵夫准备离开时，发现自己放在一旁的斧头已经锈蚀，斧上的木柄都已经腐烂了。等樵夫回到家，发现家人都已不在，打听之后才知道，竟然已经过去了好几百年。

## 备受推崇的围棋

中国古代许多帝王均是琴、棋、书、画样样精通。

南唐后主李煜虽不善治理国家，却风流倜傥，才华横溢。他的诗词造诣很高，倍受后世文人士大夫推崇，而且他也酷爱围棋，棋艺十分精湛。宋太宗也是一名围棋高手，有着“善弈”、“绝格”之称，当时的一些国手都下不过他。围棋历来都在我国文人墨客中十分流行。杜甫、白居易、刘禹锡、杜牧、欧阳修、苏轼、黄庭坚、陆游、辛弃疾、文天祥等，都是围棋高手，还因此留下了许多著名的关于围棋的诗词。

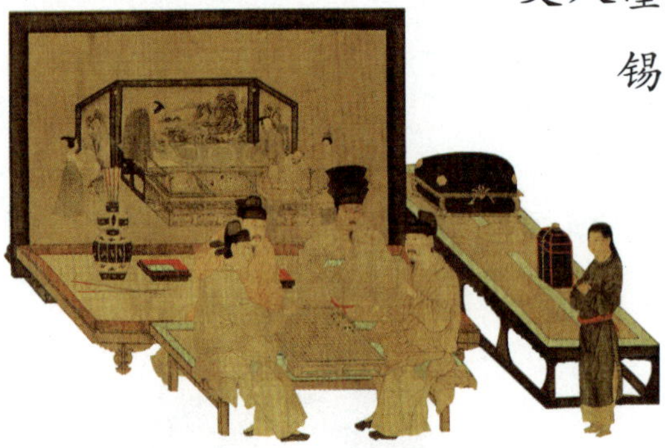

（南唐） 周文矩 《重屏会棋图》

# 古文

“仁、义、礼、智、信”乃儒家“五常”，是中国传统的伦理道德规范。能爱人即为“仁”；人家需要时，伸出援手即为“义”；敬人即为“礼”；诚实不欺，言行一致即为“信”。而对于“智”，诵读本册古文会让我们有更多的理解和发现。“不失人，亦不失言”是与人交往的智慧；“不怨天，不尤人。下学而上达”是为人处世的智慧；“不替子求名”是教子勉学的智慧。“智”是“自知知人”的认识，是“小不忍，则乱大谋”的见解，是“来者犹可追”的远虑，是“工欲善其事，必先利其器”的谋略。观一叶而知秋，把平时生活中的东西琢磨透了，就是“智”。

# 7 贫富

pín fù

zǐ gòng yuē pín ér
子贡曰：“贫而

wú chǎn fù ér wú jiāo hé
无谄，富而无骄，何

rú zǐ yuē kě yě
如？”子曰：“可也。

wèi ruò pín ér lè fù ér hào lǐ
未若贫而乐，富而好礼

zhě yě
者也。”

《论语·学而》

子贡说：“贫穷时不谄媚，富有时也不骄纵，这种表现怎么样？”孔子说：“还可以。可是比起那些能做到贫穷而仍能长保其乐，富有而能崇尚礼仪的人，就还差一点了。”

这里孔子提到了对待贫穷与富有时应有的态度，告诉人们无论处于哪种生活状况，都要有积极乐观和崇尚礼仪的心态。在诵读时“贫而无谄”、“富而无骄”、“贫而乐”、“富而好礼”重读，将表转折关系的“而”轻读，读出节奏感。

小 篆

隶 书

草 书

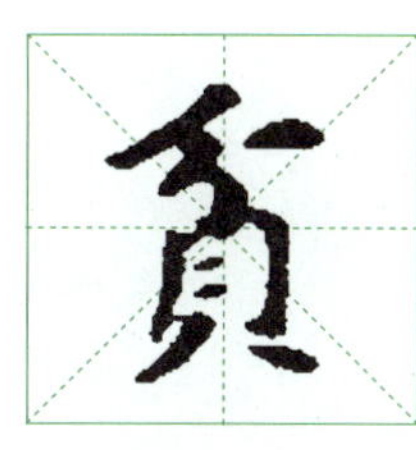
行 书

楷 书

贫：字形像一间大屋，屋子中间有个“分”，在分什么呢？正是因为无物可分所以才显得贫穷啊！现在“贫”除了表示“贫困”，也可以表示“缺少”。

创意空间

1. 我会和小伙伴一起读、说、背、吟、唱、演。互相评一评。（涂红花朵表示）

同伴评一评：  很好  好  须努力

2. 我会这样涂涂画画。

# 8 智明

zhì míng

zhī rén zhě zhì, zì zhī
知人者知，自知

zhě míng. shèng rén zhě yǒu lì,
者明。胜人者有力，

zì shèng zhě qiáng. zhī zú zhě
自胜者强。知足者

fù, qiǎng xíng zhě yǒu zhì, bù
富，强行者有志，不

shī qí suǒ zhě jiǔ, sǐ ér bù
失其所者久，死而不

wáng zhě shòu.
亡者寿。

《老子》第三十三章

善于识别他人是智慧。能够认识自我才是高明。善于战胜别人是有威力。克服自己的弱点叫做刚强。知道满足就是富有。坚持力行才是有志。不丧失所在根基就是长久。身死而精神长存，叫做长寿。

作者在这段话中阐述精神修养方面的观点，用肯定的语气，递进的手法，说明“知人”与“自知”、“胜人”与“自胜”等一系列有关人生的道理。崇尚的不仅仅是“知人”，而且要有“自知”的明智。在朗读时要突出“知”、“明”、“有力”等词。

|  | 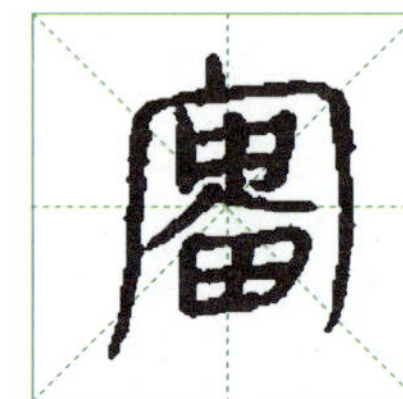 | 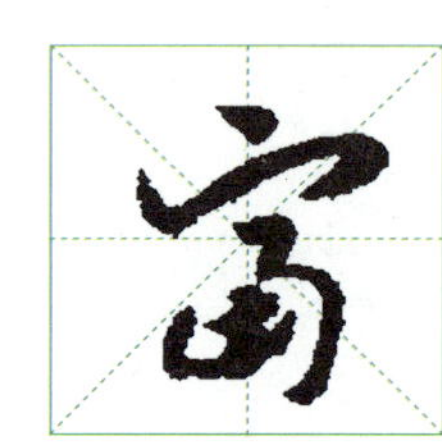 |  |  |
|---|---|---|---|---|
| 小 篆 | 隶 书 | 草 书 | 行 书 | 楷 书 |

富：在一间大房子里摆放着酒坛，显示着这个家庭的富裕丰足，这就是“富”字最早的字形，很形象地表达出了“富裕”的含义。

 1. 我会和小伙伴一起读、说、背、吟、唱、演。互相评一评。（涂红花朵表示）

同伴评一评：  很好  好  须努力

2. 我会这样涂涂画画。

# 9 崇德

chóng dé

zǐ yuē dé zhī bù
子曰：“德之不
xiū xué zhī bù jiǎng wén yì bù
修，学之不讲，闻义不
néng xǐ bù shàn bù néng gǎi shì
能徙，不善不能改，是
wú yōu yě
吾忧也。”

《论语·述而》

zǐ yuē qiǎo yán luàn
子曰：“巧言乱
dé xiǎo bù rěn zé luàn dà
德。小不忍，则乱大
móu
谋。”

《论语·卫灵公》

孔子说：“对品德不进行培养，对学问不进行钻研，听到好人好事不能跟着做，有了错误不能及时改正，这就是我所担忧的。”

孔子说：“花言巧语足以败坏道德。小事情不忍耐，便会败坏大事情。”

圣人时刻把道义放在胸中。诵读第一句时，语气要低沉而缓慢，读出作者的忧虑与深沉。诵读第二句时，如诉心语，强调“忍”的重要，读出“退一步海阔天空”的豁达与淡定。

| 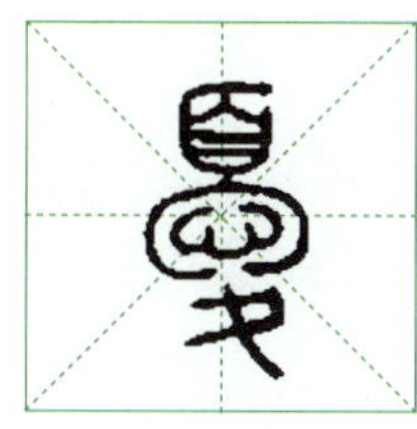 |  | 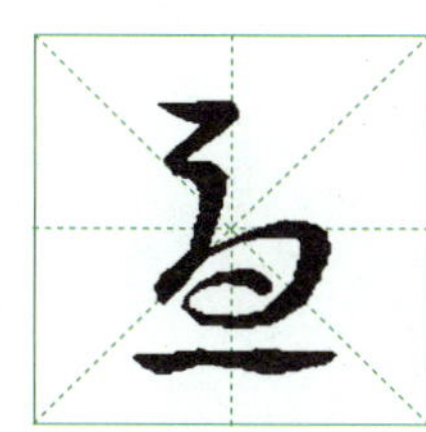 | 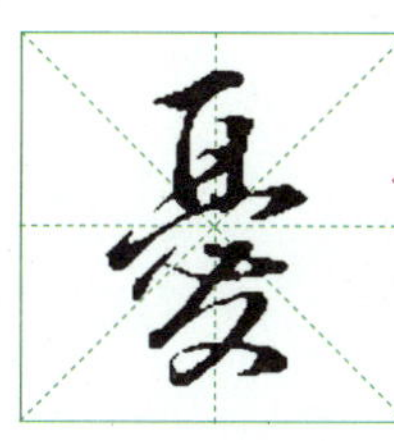 |  |
|---|---|---|---|---|
| 小　篆 | 隶　书 | 草　书 | 行　书 | 楷　书 |

忧：象形字。一个人面朝左边站立，举手搔头，好像在发愁一样，正好表达了“忧愁”的意思。

 1. 我会和小伙伴一起读、说、背、吟、唱、演。互相评一评。（涂红花朵表示）

同伴评一评：　 很好　 好　须努力

 2. 我会这样涂涂画画。

# 10 惜（xī）时（shí）

子（zǐ）在（zài）川（chuān）上（shàng）曰（yuē）："逝（shì）者（zhě）如（rú）斯（sī）夫（fú）！不（bù）舍（shě）昼（zhòu）夜（yè）。"

《论语·子罕》

往（wǎng）者（zhě）不（bù）可（kě）谏（jiàn），来（lái）者（zhě）犹（yóu）可（kě）追（zhuī）。

《论语·微子》

孔子在河边叹道："消逝的时光像河水一样呀！日夜不停地流去。"

过去的不能再挽回，未来的还赶得上。

## 阅读提示

第一句话，孔子用比喻的形式慨叹时光一去不复返，提醒人们要珍惜时间。在诵读时要将“逝者”、“斯夫”、“昼夜”重读，读出一种对时光流逝的感叹。第二句话告诫人们那如烟往事是无法挽回的，正确把握未来才最重要。读这段话时可吟可唱，可回环可对接，语气诚恳而意蕴深长。

## 汉字寻根

| 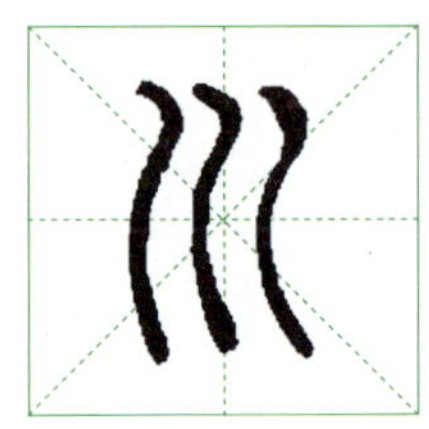 | 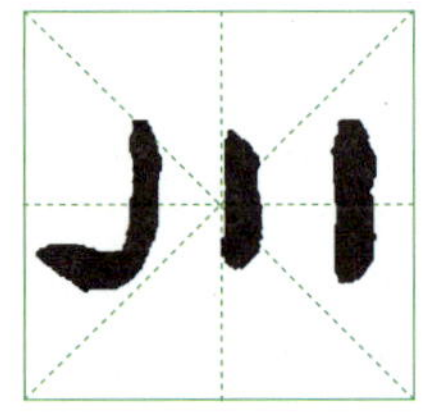 | 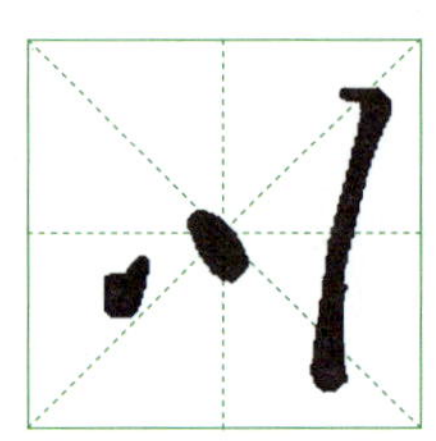 |  | 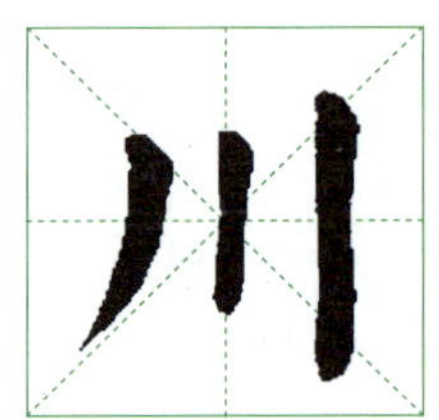 |
| --- | --- | --- | --- | --- |
| 小 篆 | 隶 书 | 草 书 | 行 书 | 楷 书 |

川：象形字。像正在流淌的河水，表示“河流”。现在也引申为“平野”或“平地”。

## 创意空间

 1. 我会和小伙伴一起读、说、背、吟、唱、演。互相评一评。（涂红花朵表示）

同伴评一评：  很好  好 须努力

2. 我会这样涂涂画画。

# 11 恕道

子贡问曰："有一言而可以终身行之者乎？"子曰："其'恕'乎！己所不欲，勿施于人。"

《论语·卫灵公》

子贡问道："有没有一个字可以作为终身奉行的准则呢？"孔子说："大概是'恕'吧！自己所不想要的任何事物，就不要强加给别人。"

“恕”指儒家的推己及人，仁爱待人。孔子告诉我们在替自己着想时，也要替别人想一想。它在今天的社会道德修养方面有着重要的积极意义，已成为警世格言。在诵读时将“己所不欲，勿施于人”读得铿锵有力，强调“恕”的作用。

|  |  |  |  |  |
|---|---|---|---|---|
| 小　篆 | 隶　书 | 草　书 | 行　书 | 楷　书 |

勿：字形像一把刀，上面沾了一些割东西时留下的碎屑，这些碎屑本是无用之物，所以“勿”字要表达的意思就是“不要”。

1. 我会和小伙伴一起读、说、背、吟、唱、演。互相评一评。（涂红花朵表示）

同伴评一评：　 很好　 好　须努力

2. 我会这样涂涂画画。

# 12 善教（shàn jiào）

zhì diǎn zǐ dì wén zhāng
治点子弟文章，
yǐ wéi shēng jià dà bì shì yě
以为声价，大弊事也。
yī zé bù kě cháng jì zhōng lù qí
一则不可常继，终露其
qíng èr zé xué zhě yǒu píng yì
情；二则学者有凭，益
bù jīng lì
不精励。

《颜氏家训·名实》节选

为自己的子弟修改文章，来帮他获得名声，这是极不好的事情。一方面不可能永远这样做，到最终还是会暴露孩子无能的真相；另方面学习的人有所依靠后会越发不精诚专一，刻苦学习。

《颜氏家训》是一部记述个人经历、思想、学识以告诫子孙的著作。在这一节中作者告诫人们，要培养孩子独立学习的习惯，在学习上不要给孩子太多的依托，否则孩子学习就不肯勤学苦练了。所以在朗读时要将“大弊事也”重读，以突出“治点子弟文章”的危害性。

|  |  |  | 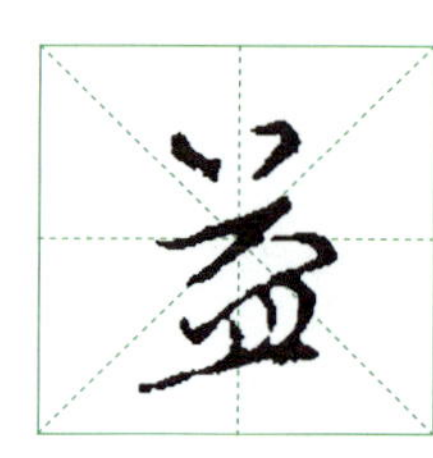 |  |
|---|---|---|---|---|
| 小 篆 | 隶 书 | 草 书 | 行 书 | 楷 书 |

益：最早的字形很像一个盆子装满了水，已经快要漫出来了，所以古时候的“益”指的是“溢”，现在则用来表示“利益”、“好处”等。

创意空间

 1. 我会和小伙伴一起读、说、背、吟、唱、演。互相评一评。（涂红花朵表示）

同伴评一评：  很好  好 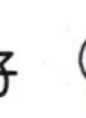 须努力

2. 我会这样涂涂画画。

# 13 论人

子曰："可与言而不与之言，失人；不可与言而与之言，失言。知者不失人，亦不失言。"

《论语·卫灵公》

孔子说："可以同他谈，却不同他谈，这是错过人才；不可以同他谈，却同他谈，这是浪费言语。聪明的人既不错过人才，也不浪费语言。"

孔子告诉我们，说话是要选择对象的。对什么样的人讲什么样的话。这也是与人交往中要遵循的一点。在诵读时“失人”、“失言”、“知者”重读，以强调选择说话对象的重要性。

小 篆

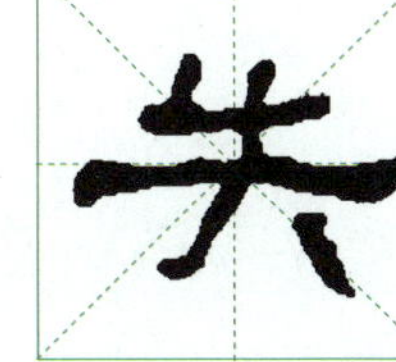
隶 书

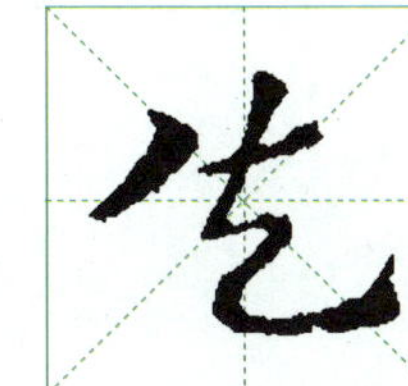
草 书

行 书

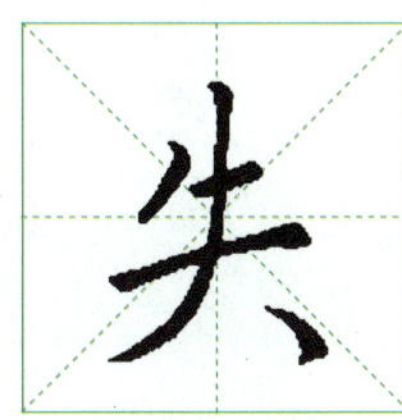
楷 书

失：字形是一只手，手腕边有一条弧线，表示有东西从手中掉落了，用来表达“丧失”、“丢失”的含义。

创意空间

1. 我会和小伙伴一起读、说、背、吟、唱、演。互相评一评。（涂红花朵表示）

同伴评一评：  很好  好 须努力

 2. 我会这样涂涂画画。

# 14 谋划（móu huà）

子曰（zǐ yuē）："工欲善其事（gōng yù shàn qí shì），必先利其器（bì xiān lì qí qì）。"

《论语·卫灵公》

子曰（zǐ yuē）："人无远虑（rén wú yuǎn lǜ），必有近忧（bì yǒu jìn yōu）。"

《论语·卫灵公》

孔子说："工匠要做好他的工作，一定先要使他的工具锋利。"

孔子说："一个人没有长远的考虑，就一定会有眼前的忧患。"

孔子在第一句话中告诉人们，要做好一件事，准备工作非常重要。在诵读时要做到语气高昂有力，起到强调的作用，给人以警示。第二句话言简意赅，告诉人们要深思远虑，否则近忧不可避免。诵读时，突出“远虑”与“近忧”的必然联系，字字清晰，读得坚决肯定。

|  | 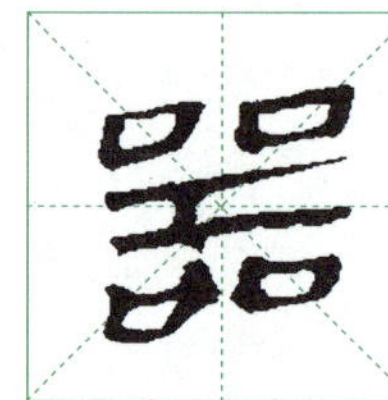 | 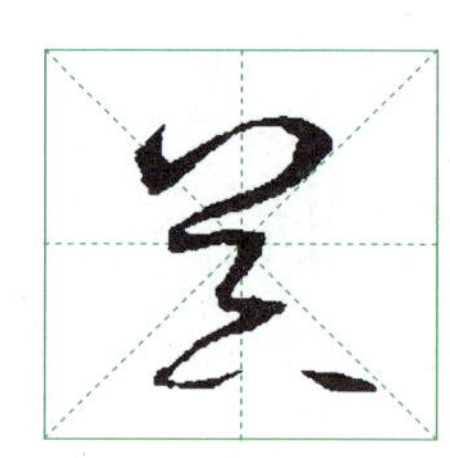 | 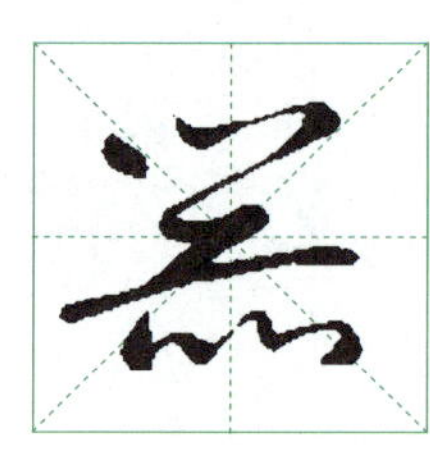 |  |
| --- | --- | --- | --- | --- |
| 小篆 | 隶书 | 草书 | 行书 | 楷书 |

器：字形很有趣，一只小狗周围有四张口，本来是表示犬吠声，如今它早已没有这个含义了，而是用来表示“器具”。

创意空间

 1. 我会和小伙伴一起读、说、背、吟、唱、演。互相评一评。（涂红花朵表示）

同伴评一评：  很好  好  须努力

 2. 我会这样涂涂画画。

# 15 正己

zhèng jǐ

zǐ yuē bù huàn rén

子曰：“不患人

zhī bù jǐ zhī huàn qí bù néng

之不己知，患其不能

yě

也。”

《论语·宪问》

zǐ yuē bù yuàn

子曰：“不怨

tiān bù yóu rén xià xué ér shàng

天，不尤人。下学而上

dá

达。”

《论语·宪问》

孔子说：“不着急别人不知道我，只着急自己没有能力。”

孔子说：“不怨恨天，不责备人。学习一些平常的知识，却透彻了解很高的道理。”

第一句话，孔子强调君子应当以充实自己为目标，不要因为别人不了解自己而忧虑。在诵读时，“不患”、“不己知”、“患”、“不能”应重读，突出作者强调的观点。第二句话告诉我们为人处世要不怨不尤，努力提高自己的修养。诵读时，怀积极坦然之心，读出理解，读出感悟。

| 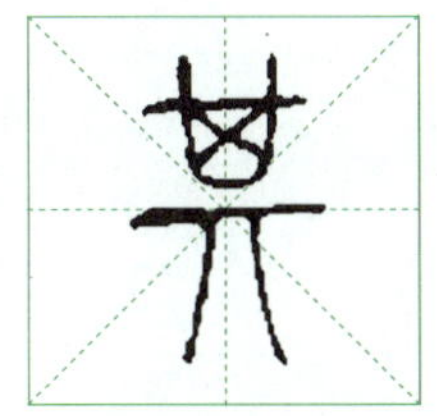 |  | 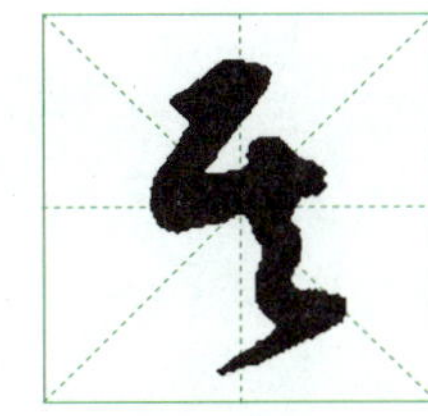 |  | 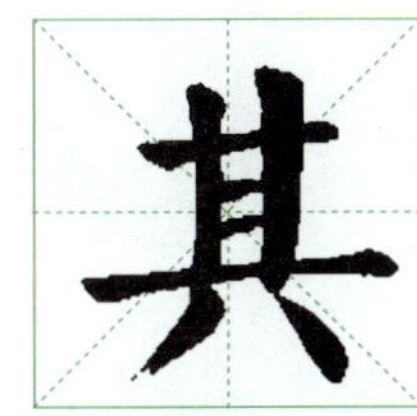 |
|---|---|---|---|---|
| 小　篆 | 隶　书 | 草　书 | 行　书 | 楷　书 |

其：字形好似一个用竹子编成的簸箕，它就是古时候的“箕”字。今天的“其”是一个代词，不再用来表示簸箕了。

 1. 我会和小伙伴一起读、说、背、吟、唱、演。互相评一评。（涂红花朵表示）

 同伴评一评：  很好  好  须努力

2. 我会这样涂涂画画。

lùn xué
# 16 论学

gǔ zhī xué zhě wèi jǐ, yǐ
古之学者为己，以
bǔ bù zú yě; jīn zhī xué zhě wèi
补不足也；今之学者为
rén, dàn néng shuō zhī yě. gǔ zhī xué
人，但能说之也。古之学
zhě wèi rén, xíng dào yǐ lì shì yě;
者为人，行道以利世也；
jīn zhī xué zhě wèi jǐ, xiū shēn yǐ qiú
今之学者为己，修身以求
jìn yě. fú xué zhě yóu zhòng shù yě,
进也。夫学者犹种树也，
chūn wán qí huā, qiū dēng qí shí; lùn
春玩其华，秋登其实；论
jiǎng wén zhāng, chūn huā yě; xiū shēn lì
讲文章，春华也；修身利
xíng, qiū shí yě.
行，秋实也。

《颜氏家训·勉学》节选

## 译 文

古代求学的人是为了充实自己，以弥补自身的不足；现在求学的人是为了向他人炫耀，只能夸夸其谈。古代求学的人是为了他人，推行自己的主张以造福社会；现在求学的人是为了自身需要，修养身心以求做官。学习就像种果树一样，春天可以赏玩它的花朵，秋天可以摘取它的果实。讲解评论文章，就好比赏玩春花；修养身心有利于推行自己的主张，就好比摘取秋果。

## 阅读提示

这段话告诉人们：求学是为了充实自己，决不是为了向别人炫耀。作者将古今求学人的两种不同目的进行对比，生动形象地说明了不同目的产生的不同结果。在诵读时将表现古今学者不同学习目的的词语重读，如“为己”、“不足”、“为人”、“说之”等，从而突出古人虚心务实的学习态度。

## 汉字寻根

小篆

隶书

草书

行书

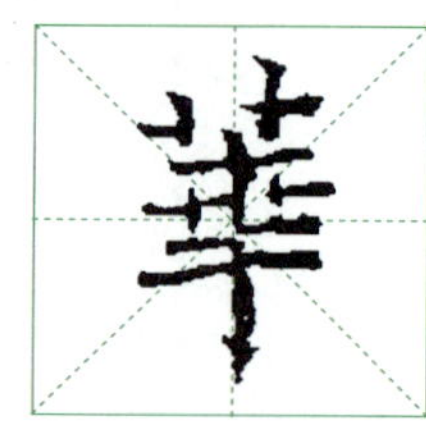

楷书

华：就是“花”，字形也很像一朵盛开的花朵。因为花朵非常美丽，所以人们就用“华”来表示“华丽”、“美好”的意思。

 1. 我会和小伙伴一起读、说、背、吟、唱、演。互相评一评。（涂红花朵表示）

 同伴评一评：  很好  好  须努力

 2. 我会这样涂涂画画。

# 中华饮食文化

幅员辽阔的中华大地，物产丰富，各地人民都依据自己本地的特产，发展出了独具特色的饮食文化，形成了“南米北面”的饮食格局。

## 四季有别

吃应景的食物，是中国烹饪的一大特征。注重养生的中国人，会依据季节变化来调味、配菜。冬天的食物要味道浓厚，夏天则稍显清淡；冬天的食物多采用炖焖的方式烹饪，夏天则多为凉拌。

## 注重情趣

中国人重视情趣，连吃饭也不例外。色、香、味俱全是一道菜是否上乘的最基本要求。好菜还需配好名，那一道道出神入化、雅俗共赏的菜名里，也处处彰显着人们的智慧。有根据历史掌故而来的“将军过桥”，有参考名人食趣而来的“东坡肉”，有根据菜肴形象来命名的“狮子头”，有根据烹调方法而来

狮子头

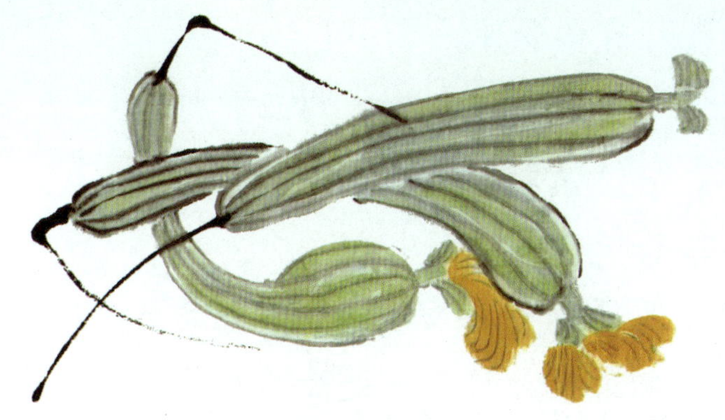

的“叫化鸡”……形形色色的菜名，为餐桌增添了不少的乐趣。

## 食医结合

中国人好养身，而食物与养身之间也有着不小的渊源。几千年来，中国人一直有“医食同源”和“药膳同功”的说法，利用本身具有药用价值的原料做成各种美味佳肴，依据不同的体质来选择食物，达到食疗养生的目的。

## 中国八大菜系

鲁菜，即山东菜。山东是中国古文化发祥地之一。鲁菜中最为出名的便是“食不厌精，脍不厌细”的孔府菜，它用料精良、菜式丰盛，堪比皇宫御膳。

川菜，是中国最有特色的菜系，也是民间最大菜系。主要特点在于味型多样，有麻辣、酸辣、椒麻、麻酱、蒜泥、芥末、红油、糖醋、鱼香、怪味等，具有“一菜一格”、“百菜百味”的特殊风味。

川菜夫妻肺片

苏菜，即江苏菜。由于江浙地区气候潮湿，又靠近沿海，所以往往会在菜中增加糖分来除湿气。因此，江苏菜系以偏甜为主。

粤菜，即广东菜。在世界各国的中菜馆多数是以粤菜为主。由于气候潮湿，又靠近沿海广东菜口味偏甜，但非常注重食材的新鲜，也强调发挥出食物本身的鲜味。

粤菜柱候金钱肚

闽菜，即福建菜。闽菜具有清鲜爽淡的特色，擅长使用辣椒酱、沙菜酱、芥末酱等调料。在千年古刹南普陀寺还有著名的南普陀素宴，它是典型的传统寺庙素食，以米面、豆制品、蔬菜、蘑菇、木耳等为主料，出名的菜肴有40多种。

浙菜，即浙江菜。浙菜重视其原料的鲜、活、嫩，以鱼、虾、禽、畜、时令蔬菜为主，讲究刀工，口味清鲜，突出本味。其制作精细，变化多样，并喜欢以风景名胜来命名菜肴。

湘菜，即湖南菜。在中国大部分地区都有湘菜馆。湖南菜系各地风味统一，主要流行于湖南地区。湘菜最大特色一是辣味突出，二是喜欢使用各种腌制食物入菜。

徽菜，即安徽菜。徽菜主要流行于徽州地区和浙江西部，擅长烧、炖，讲究火功，很少爆、炒，并习以火腿佐味，冰糖提鲜，善于保存食物的原汁原味。

# 声律

本册韵文选自《声律启蒙》，让我们进一步体验其丰富活泼的形式和优美的音律乐感，领会其词语的精妙和意境的深远。

在学习中我们不仅要读准字音，还要认真阅读课文中的阅读提示和注释；并且要领会韵句的含义，加深理解。还有，别忘了文中涉及的小典故，诵读中讲求音协韵美，体会韵律带来的美感。

# 17 shēng lǜ qǐ méng · sān jiāng<br>声律启蒙·三江（节选）

zhū duì liǎng，zhī duì shuāng，<br>
铢对锸，只对双，<br>
huà yuè duì xiāng jiāng。cháo chē duì jìn gǔ，sù huǒ duì hán gāng。<br>
华岳对湘江。朝车对禁鼓，宿火对寒缸。

qīng suǒ tà，bì shā chuāng，<br>
青琐闼，碧纱窗，<br>
hàn shè duì zhōu bāng。shēng xiāo míng xì xì，zhōng gǔ xiǎng chuāng chuāng。<br>
汉社对周邦。笙箫鸣细细，钟鼓响摐摐。

zhǔ bù qī luán míng yǒu lǎn，<br>
主簿栖鸾名有览，<br>
zhì zhōng zhǎn jì xìng wéi páng。sū wǔ mù yáng，xuě lǚ cān yú běi hǎi；<br>
治中展骥姓惟庞。苏武牧羊，雪屡餐于北海；<br>
zhuāng zhōu huó fù，shuǐ bì jué yú xī jiāng。<br>
庄周活鲋，水必决于西江。

**注释**

① 禁：宫禁。<br>
② 骥：千里马。<br>
③ 鲋：鲫鱼。

### 庄周活鲋

庄子，名周，是战国时宋国人，我国古代伟大的思想家。一天，他走在路上，忽然听到呼救的声音。他找了半天才发现，原来向他求救的是一条躺在车辙里的鲫鱼。鲫鱼说，它是从东海来的，希望庄子能拿一点水救救它。庄子对鲫鱼说，“好吧，我将去游说吴王、越王，让他们引西江的水救你。”鲫鱼听了这话十分生气，认为庄子根本没有诚意，就说：“那你不如早点到鱼市场找我呢。”

本篇对偶句节奏鲜明，韵味浓郁，“呜细细”对“响纵纵”是拟声词对，文末两句是典故对，“苏武牧羊”对“庄周活鲋”，十分妥贴。

1. 我会和小伙伴一起读、说、背、吟、唱、演。互相评一评。（涂红花朵表示）

同伴评一评：

2. 我会这样书写。

主簿栖 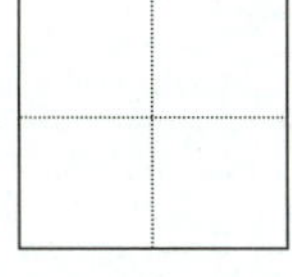 名有览，治中展 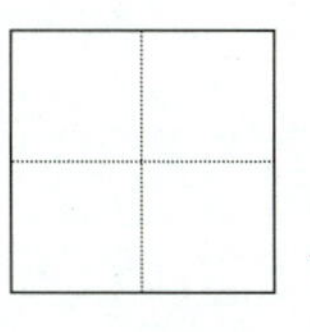 姓惟庞。

 3. 我会这样涂涂画画。

# 18 声律启蒙·四支（节选）

shēng lǜ qǐ méng · sì zhī

xíng duì zhǐ，sù duì chí，
行对止，速对迟，

wǔ jiàn duì wéi qí。huā jiān duì cǎo zì，zhú jiǎn duì máo zhuī。
舞剑对围棋。花笺对草字，竹简对毛锥。

fén shuǐ dǐng，xiàn shān bēi，
汾水鼎，岘山碑，

hǔ bào duì xióng pí。huā kāi hóng jǐn xiù，shuǐ yàng bì liú lí。
虎豹对熊罴。花开红锦绣，水漾碧琉璃。

qù fù yīn tàn lín shè zǎo，
去妇因探邻舍枣，

chū qī wèi zhòng hòu yuán kuí。dí yùn hé xié，xiān guǎn qià cóng yún lǐ jiàng；lǔ shēng yī yà，yú zhōu zhèng xiàng xuě zhōng yí。
出妻为种后园葵。笛韵和谐，仙管恰从云里降；橹声咿轧，渔舟正向雪中移。

**注释**

① 简：刻写文字的竹片。
② 毛锥：毛笔。
③ 咿轧：橹声。

王吉休妻

汉朝王吉的邻居种有枣树，枣树生长茂盛垂挂到王吉的庭园。王吉的妻子采了几个枣子吃，因此王吉想要休妻，邻居听说这件事后就想把树砍了。后经邻里调解，夫妇重归于好。

“行止”、“速迟”是反义词对。“花开红锦绣，水漾碧琉璃”两句十分雅致，很有意境，读时舒朗明快，心中不觉漾起美意。“去妇因探邻舍枣”告诉我们古人不贪图他人小便宜的故事，读此典故给我们带来警示。

 1. 我会和小伙伴一起读、说、背、吟、唱、演。互相评一评。（涂红花朵表示）

 同伴评一评：  很好  好  须努力

 2. 我会这样书写。

 花开红 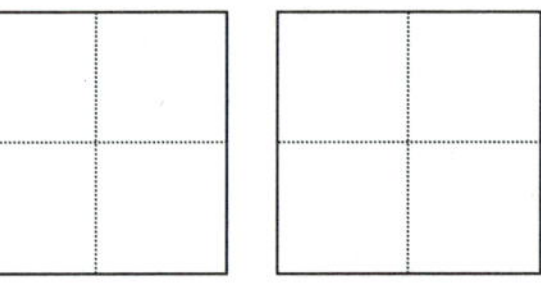，水漾碧 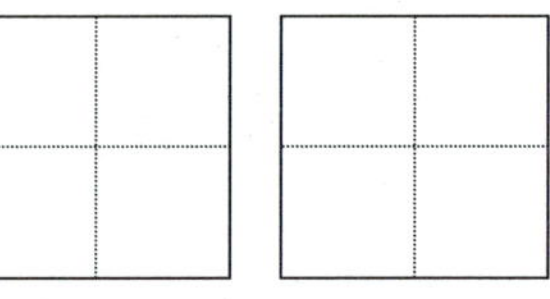。

 3. 我会这样涂涂画画。

# 19 声律启蒙·五微（节选）

shēng lǜ qǐ méng · wǔ wēi

kuān duì měng, shì duì fēi,
宽对猛，是对非，
fú měi duì chéng féi. shān hú duì dài
服美对乘①肥。珊瑚对玳
mào, jǐn xiù duì zhū jī.
瑁，锦绣对珠玑。

táo zhuó zhuó, liǔ yī yī,
桃灼灼②，柳依依③，
lǜ àn duì hóng xī. chuāng qián yīng bìng
绿暗对红稀。窗前莺并
yǔ, lián wài yàn shuāng fēi.
语，帘外燕双飞。

hàn zhì tài píng sān chǐ jiàn,
汉致太平三尺剑，
zhōu zhēn dà dìng yī róng yī. yín chéng
周臻大定一戎衣。吟成
shǎng yuè zhī shī, zhǐ chóu yuè duò;
赏月之诗，只愁月堕；
zhēn mǎn sòng chūn zhī jiǔ, wéi hàn chūn
斟满送春之酒，惟憾春
guī.
归。

**注释**

① 乘：座驾。

② 灼灼：鲜亮的样子。

③ 依依：形容柳枝随风摆动。

三尺剑

传说汉高祖刘邦是赤帝的儿子，他曾经用剑斩杀了一条大蛇，而那条大蛇就是白帝的儿子。刘邦讨伐黥布时被流箭射伤，后来病情变得十分严重，吕后为他请来了当时的良医。高祖问医生，他的病还能不能治，医生回答说可以治。高祖骂道："我以一个平民的身份，手提三尺剑而最终取得天下，这不是天命么？命运是由上天注定的，即使扁鹊来了又有什么用呢？"于是就没让医生给他治病。

本篇从一字对，双字对，到多字对，皆工整而巧妙。"桃灼灼，柳依依"可以重复读，男女生轮读，还可以这样读——"灼灼桃，依依柳"。"窗前莺并语，帘外燕双飞"，这一景致对清新自然，读时惬意舒展，显示出一片勃勃生机。

1. 我会和小伙伴一起读、说、背、吟、唱、演。互相评一评。（涂红花朵表示）

同伴评一评：  很好  好 须努力

2. 我会这样书写。

吟成赏月之诗，只愁 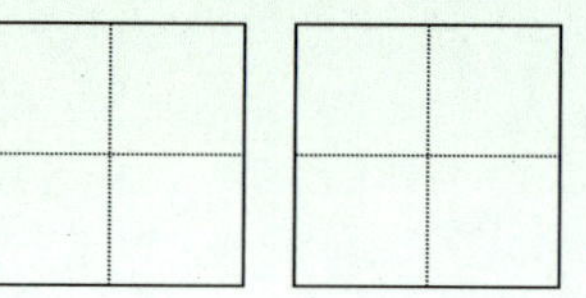；

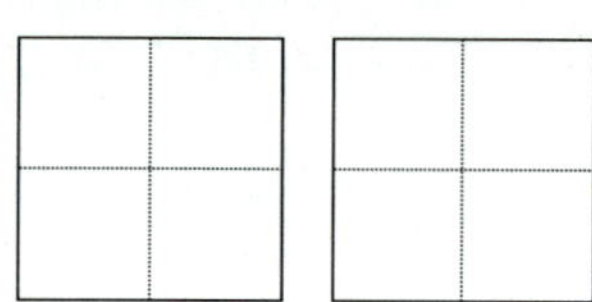 送春之酒，惟憾春归。

3. 我会这样涂涂画画。

# 20 声律启蒙·六鱼（节选）

shēng lǜ qǐ méng · liù yú

wú duì yǒu， shí duì xū，
无对有，实对虚，

zuò fù duì guān shū。 lǜ chuāng duì zhū hù， bǎo mǎ duì xiāng jū。
作赋对观书。绿窗对朱户，宝马对香车。

bó lè mǎ， hào rán lǘ，
伯乐马，浩然驴，

yì yàn duì qiú yú。 fēn jīn qí bào shū， fèng bì lìn xiàng rú。
弋雁对求鱼。分金齐鲍叔，奉璧蔺相如。

zhì dì jīn shēng sūn chuò fù，
掷地金声孙绰赋，

huí wén jǐn zì dòu tāo shū。 wèi yù yīn zōng， xū mǐ kùn fù yán zhī zhù； jì féng zhōu hòu， tài gōng shě wèi shuǐ zhī yú。
回文锦字窦滔书。未遇殷宗，胥靡困傅岩之筑；既逢周后，太公舍渭水之渔。

**注释**

① 宝马：以珠宝之类装饰马勒。

② 弋：用带有绳子的箭射鸟。

③ 锦字：织在锦缎上的文字。

④ 既：已经。

### 姜子牙渭水垂钓

姜子牙学识渊博，但是却每天在渭水垂钓，而且不用鱼饵，钩子离水面尚有一定距离，名曰“愿者上钩”。他其实是在等待有缘之人。终于有一天，他遇到了周文王姬昌，姜子牙认定此人他日必定君临天下，于是出山辅佐。

“无对有，实对虚”，反义词对简洁明了。“绿窗”、“朱户”，“宝马”、“香车”，场景对场景，表现鲜明。后面三句，一下罗列出三个典故对，颇有气势，读时当边读边想，读得悠长，回味历史。

 1. 我会和小伙伴一起读、说、背、吟、唱、演。互相评一评。（涂红花朵表示）

同伴评一评：

 2. 我会这样书写。

 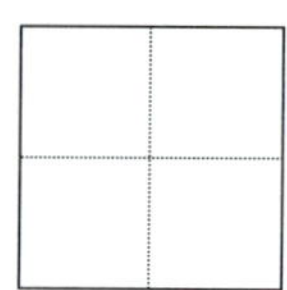地金声孙绰赋，回文锦字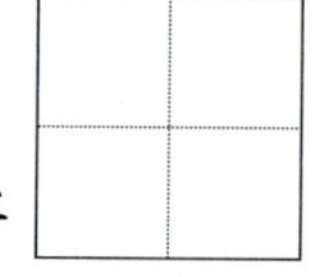滔书。

3. 我会这样涂涂画画。

# 七　夕

七夕，原名为乞巧节，也是中国的“女儿节”。

## 七夕的传说

七夕的来历一直和“牛郎织女”这一美丽的传说联系在一起。相传牛郎是一位孤儿，日夜与老牛相伴。有一天，天上的仙女们到河边沐浴嬉戏。正好在芦苇从里放牛的牛郎得到了老牛的建议，便悄悄来到河边拿走了织女的衣裳。见到凡人的仙女们非常惊慌，匆忙穿好衣服便纷纷飞走，唯独织女的衣服被牛郎拿走了，因此无法回到天庭，于是只能留在凡间，随后成为了牛郎的妻子。婚后，牛郎和织女男耕女织，相亲相爱，生活得十分幸福美满。织女还给牛郎生了一儿一女。

织女和牛郎擅自成亲的事情被天庭知道之后，王母娘娘十分生气，命令天神下界抓走织女。牛郎回家发现了这一情况，急忙披上老牛的牛皮，用担子挑着孩子就追了上去。眼看就要追上，王母娘娘心中一急，拔下头上的金簪一划，一条银河波浪翻滚，浊浪滔天，牛郎再也过不去了。从此，牛郎织女只能含着眼泪隔河相望。一天又一天，王母娘娘被他们之间的真挚情感所感动，准许他们在每年七月七日相会一次。所以每逢七月初七，人间的喜鹊就要飞上天去，搭起鹊桥让牛郎织女相会。

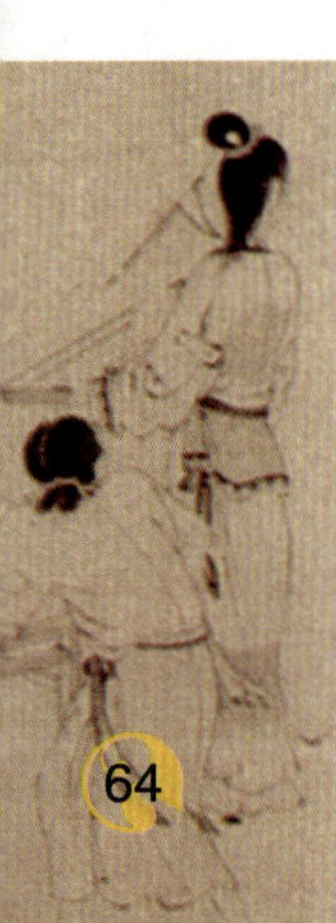

## 七夕的节日习俗

七夕是少女们的节日，很多节日的习俗都是和少女们有关的。女孩子们会约上三五好友在七夕当晚向织女祭拜，祈求自己能拥有一双灵活的巧手，这就是“乞巧”。乞巧还发展出“投针验巧”、“喜蛛应巧“和“巧菜秀巧”等仪式，除了穿针引线，少女们也会做手工或烧菜比巧手。供奉给织女的瓜果，如果放到隔天有蜘蛛结网，就代表织女应验了。

除了少女之外，一些读书人也非常重视七夕。民间传说，魁星爷生前长相奇丑，而且还是个跛脚。但他极其聪明好学，终于高中状元。皇帝殿试时，看到他脸上全是麻子，有些瞧不起他，也嫌弃他是跛脚。他却从容不迫地对答道：“麻面满天星，独脚跳龙门。”皇帝惊叹于他的才华和不卑不亢，录用他为身边重臣。魁星去世后，便成为主管文运和升迁运的神仙，因为七月七日是魁星的生日，想求取功名的读书人七夕这天便会祭拜他，祈求他保佑自己“考运亨通”。

（清） 丁观鹏 《乞巧图》

中国人逢年过节总少不了吃，巧果就是七夕的应景食品，又名“乞巧果子”。巧果的主要材料是油、面粉和糖，据传在古时，人们如果要买一斤的巧果，会把至少半斤投到屋顶给织女享用，剩下的才自己分食。

（清）吴求《豳风图》

# 附录：亲子共读

爸爸妈妈一起来读哦！我给爸爸妈妈当老师。（涂红花朵表示）

第1课　家长评一评：很好　好　须努力

第2课　家长评一评：很好　好　须努力

第3课　家长评一评：很好　好　须努力

第4课　家长评一评：很好　好　须努力

第5课　家长评一评：很好　好　须努力

第6课　家长评一评：很好　好　须努力

第7课　家长评一评：很好　好　须努力

第8课　家长评一评：很好　好　须努力

第9课　家长评一评：很好　好　须努力

第10课　家长评一评：很好　好　须努力

第11课　家长评一评：很好　好　须努力

第12课　家长评一评：很好　好　须努力

第13课　家长评一评：很好　好　须努力

第14课　家长评一评：很好　好　须努力

第15课　家长评一评：很好　好　须努力

第16课　家长评一评：很好　好　须努力

第17课　家长评一评：很好　好　须努力

第18课　家长评一评：很好　好　须努力

第19课　家长评一评：很好　好　须努力

第20课　家长评一评：很好　好　须努力

**图书在版编目(CIP)数据**

中华国学课本.第4册/张庆华主编.—北京:中华书局,2014.3
(中华诵·经典素读教程系列)
ISBN 978-7-101-09900-3

Ⅰ.中… Ⅱ.张… Ⅲ.中华文化-小学-教学参考资料
Ⅳ.G624.233

中国版本图书馆CIP数据核字(2013)第310875号

| | |
|---|---|
| **书　　名** | 中华国学课本　第四册 |
| **主　　编** | 张庆华 |
| **丛 书 名** | 中华诵·经典素读教程系列 |
| **责任编辑** | 祝安顺　白爱虎 |
| **出版发行** | 中华书局<br>(北京市丰台区太平桥西里38号　100073)<br>http://www.zhbc.com.cn<br>E-mail:zhbc@zhbc.com.cn |
| **印　　刷** | 北京瑞古冠中印刷厂 |
| **版　　次** | 2014年3月北京第1版<br>2014年3月北京第1次印刷 |
| **规　　格** | 开本/889×1194毫米　1/16<br>印张5　字数12千字 |
| **印　　数** | 1-5000册 |
| **国际书号** | ISBN 978-7-101-09900-3 |
| **定　　价** | 18.00元 |